Du CP au CE1
6 • 7 ans

Sophia, princesse de la mer

Véronique Corgibet
écrivain

Patricia Goralezyk
professeure spécialisée des écoles

illustré par
Sophie Lebot

Le papier de cet ouvrage est composé de fibres naturelles, renouvelables, fabriquées à partir de bois provenant de forêts gérées de manière responsable.

Nathan

Présentation

- Je lis un récit plein de suspense.
- En faisant les exercices (français, maths, découverte du monde), je découvre l'indice qui me permet d'avancer dans l'histoire et de résoudre l'énigme.
- Je vérifie ma réponse en continuant ma lecture : l'indice est en couleur.
- Je consulte le mémo (page 33) : il m'explique la notion abordée dans l'exercice.

Sommaire

Chapitre 1 Un trésor de princesse .... p. 3
Chapitre 2 Sur la piste du trésor .... p. 8
Chapitre 3 Dans la caverne .... p. 14
Chapitre 4 Le secret du poisson volant ...... p. 20
Chapitre 5 En route pour le palais .... p. 26

Édition : Anne-Sophie Pawlas
Maquette de couverture : Team créatif
Maquette intérieure : Julie Lannes
Composition : Céline Julien
© Nathan, 2013 - ISBN : 978-2-09-187976-5 pour la présente édition
© Nathan, 2010 - ISBN : 978-2-09-186779-3 pour la première édition

1

Un trésor de princesse

Aujourd'hui, Sophia, la fille du roi de la mer, a sept ans. Ce matin, à son réveil, la princesse se demande quel cadeau lui offrira son père : un nouveau traîneau pour se promener avec ses amies ? Une nouvelle tenue de plongée pour jouer dans les vagues du côté du phare ? Mystère…

Sophia ne sait pas que, ce soir, le roi donnera une fête pour son anniversaire. Encore un secret… Soudain, Sophia se lève d'un bond. Son ami, Léon le crabe, frappe à sa fenêtre. Il lui offre un cadeau. Elle l'ouvre et découvre une pierre précieuse, verte comme ses yeux.

En effet, la fillette aime les pierres précieuses. Elle en trouve souvent lors de ses balades sous la mer : dans les épaves de navires ou entre deux rochers…

– Viens, lui dit Léon, allons déposer ta nouvelle pierre dans ta boîte à trésors.

Mais, quand ils l'ouvrent, une surprise les attend…

Sophia n'en croit pas ses yeux et gémit :
– Regarde, Léon, mon coffret est vide ! Mes perles et mes pierres ont disparu. Qui les a prises ?
– J'ai une idée, répond Léon, allons voir Lily. Cette coquette est au courant de tout ce qui se passe sous la mer.

Qui est Lily ?

Pour le savoir, aide-toi de ces 3 indices.

mémo 2

INDICE n° 1

Souligne la phrase qui n'est pas une question.

Lily est-elle une baleine ?

Lily est une pieuvre.

Lily est-elle un poisson ?

mémo 9

INDICE n° 2

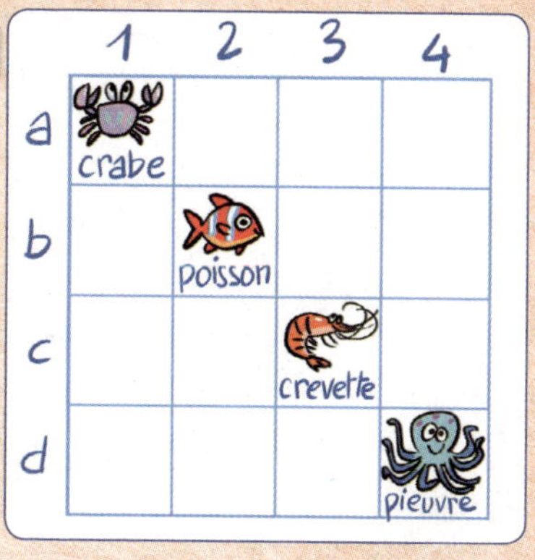

Écris ce que tu vois dans la case (d ; 4).

C'est une ....

mémo 12

INDICE n° 3

Entoure la bonne réponse.

« J'ai 8 tentacules et des ventouses. Qui suis-je ? »

un requin | un dauphin | une pieuvre | un coquillage

Tu as deviné que Lily est

2

Sur la piste du trésor

Sophia court rejoindre la grotte de Lily la pieuvre. Sous la mer, tout le monde sait que la coquette aime les bijoux. Sur ses bras, elle porte des bagues, des bracelets et des colliers. Sophia secoue une sonnette en coquillages. Cling ! Clong ! Mais Sophia n'entend qu'un faible : « Entrez ». Lily a-t-elle un problème ?

Sophia pénètre dans la grotte de son amie. Elle trouve Lily allongée dans son lit. La pieuvre accueille Sophia d'une toute petite voix.

– Que veux-tu, ma princesse ?

– Mon trésor a disparu. Tu l'as vu ?

Mais Lily ne peut renseigner Sophia : un rhume empêche la pauvre pieuvre de sortir depuis une semaine.

La fillette est déçue. À ce moment, Léon la rejoint et lui annonce, tout joyeux :

– J'ai trouvé une piste : regarde ces perles tombées sur le sable : elles forment comme un chemin. Suivons-le !

Sophia se demande si ces perles sont les siennes…

Les deux amis avancent en ramassant les précieuses billes. Ils les rangent dans un sac d'algues tressées, accroché à la ceinture de Sophia. La piste les mène devant la grotte de Marin le poisson-lune. Ce vilain grogne en sortant de sa caverne :
– Que me veux-tu ?

– Mon trésor a disparu et j'ai trouvé ces perles qui mènent chez toi… Ce sont les miennes ?
– Non, mais si tu veux en savoir plus, entre !
Sophia est déçue : elle n'a pas encore trouvé son trésor. Mais Léon et elle pénètrent dans la caverne. Soudain, la fillette sent que l'on fouille dans son sac d'algues. Au secours !

Mais qui s'est donc approché ?

Pour le savoir, aide-toi de ces 3 indices.

mémo 12

INDICE n° 1

Entoure le dessin qui représente des petits crustacés avec deux paires d'antennes.

mémo 4

INDICE n° 2

Colorie le nom qui est au pluriel.

une sardine	un homard	des crevettes

mémo 6

INDICE n° 3

Le double de 5 est ....

Cherche le sac qui indique le nombre que tu as trouvé. Entoure ce qu'il contient.

Les crustacés qui se sont approchés sont

3

Dans la caverne

Marin repousse une dizaine de crevettes qui fouillent dans le sac de Sophia et s'écrie :
– Sophia, ces perles ne viennent pas de ton trésor. Mais je connais celui qui a perdu ces perles. Tu vas les lui rendre, et pour te remercier, il t'aidera à trouver ce que tu cherches.
Sophia est déçue mais elle est bien décidée à continuer ses recherches…

Marin commence à expliquer :

– Marche dans le tunnel au fond de ma caverne. Tout au bout, tu rencontreras une huître géante : donne-lui ces perles. Une de mes crevettes, Claudette, va t'accompagner.

Claudette saute dans les bras de Sophia et les trois aventuriers partent. Cette piste est-elle enfin la bonne ? se demande Sophia.

Ils marchent longtemps, en suivant les perles qui brillent dans le noir. Soudain, un chant monte à leurs oreilles. Ils s'approchent et voient un groupe de petites huîtres qui chantent, guidées par leur père, une huître géante. Claudette éternue et le chant s'arrête. Intimidée, Sophia offre son sac plein de perles, comme Marin le lui a demandé.

Sophia raconte ce qui l'amène.

– Mes huîtres sont des petites coquines, s'écrie leur papa. Elles arrivent toujours en retard à leur leçon de chant. Du coup, elles courent et perdent leurs perles. Pour te remercier de les avoir rapportées, je vais t'aider à retrouver ton trésor : va voir mon ami, le poisson volant.

– Le poisson volant vit dans la mer, continue l'huître géante, mais il vole aussi au-dessus des vagues. Du coup, il voit tout ce qui se passe sous l'eau et sur l'eau. Rien ne lui échappe. Il sait sûrement où est passé ton trésor, Sophia.

Mais quand Léon entend parler du poisson volant, il devient tout blanc.

Pourquoi Léon devient-il tout blanc ?

Pour le savoir, aide-toi de ces 3 indices.

mémo 11

INDICE n° 1

Colorie ce qui est vrai.

Le vent qui souffle sur la mer fait naître :

des vagues	des rochers	des plages

mémo 1

INDICE n° 2

Colorie le mot dans lequel tu entends le son [g] comme dans « gâteau ».

image	géant	vagues	magie

mémo 7

INDICE n° 3

Pose les additions.

Quel est le nom du bateau qui a un total de 73 ?

C'est ....

Léon devient tout blanc : il a peur des

....

4

Le secret du poisson volant

Le crabe devient tout blanc, car le poisson volant habite au phare rouge. À cet endroit, la mer est très agitée et les vagues donnent le mal de mer à Léon. Le pauvre ! Mais Claudette le secoue :

– Tu ne vas pas abandonner nos recherches !

– Tu as raison, s'écrie Léon. Je continue…

Au pied du phare rouge, les amis trouvent le poisson volant en train de bondir dans les vagues. Hop dans l'air ! Hop dans l'eau ! Quand Sophia l'appelle, il cesse son jeu et salue les visiteurs.

– Bonjour, les amis. Vous avez manqué un grand spectacle ce matin…

– Ce matin, continue le poisson, des jardiniers sont venus ici. Ils ont emporté toutes les anémones de mer dans le plus grand secret. Comme je suis très curieux, je les ai suivis quand ils sont partis : sur les portes de leurs traîneaux, la couronne du roi était dessinée.

Sophia et ses amis regardent autour d'eux : en effet, il ne reste plus une anémone !

Enfin, si ! Il reste une toute petite anémone, qui agite ses bras, tout émue.

– Tiens, on t'a oubliée, s'étonne Sophia. Sais-tu où sont les autres ?

– Mes amies sont parties au palais. Pour la fête…

Mais la petite a peur d'avoir été trop bavarde et se referme d'un coup.

Sophia pense avoir trouvé une piste : ces traîneaux, avec les couronnes sur les portes, appartiennent au roi, son père. Il saura sûrement la renseigner sur tout ce remue-ménage. Et sur cette mystérieuse fête…

– Allons au palais, lance Sophia à ses compagnons.

Mais quelques pas plus loin, Sophia s'arrête.

Pourquoi Sophia ne peut-elle pas avancer ?

Pour le savoir, aide-toi de ces 3 indices.

mémo 8

INDICE n° 1

Barre la soustraction qui est fausse et recopie chaque syllabe. Le mot indice apparaîtra.

FA	TI	ROU	GUÉE
10 – 5 = 5	21 – 1 = 20	27 – 7 = 10	20 – 10 = 10

C'est ....

mémo 3

INDICE n° 2

Quel mot en couleur est au féminin ?

une fille fatiguée   un garçon énervé

C'est ....

mémo 14

INDICE n° 3

Sophia a parcouru beaucoup de chemin. Elle a fait des efforts. Elle a besoin de se reposer. Pourquoi ? Colorie la bonne réponse.

Elle est en pleine forme.	Elle est fatiguée.

Sophia ne peut pas avancer car elle est

....

5

En route pour le palais

La pauvre Sophia est fatiguée : depuis le matin, elle traverse l'océan en tous sens. Le poisson volant lui propose de grimper sur son dos. Et c'est parti !

Hop sur l'eau ! Hop sous l'eau ! Claudette et Léon ont bien du mal à les suivre. Sophia, elle, rit de joie sur ce drôle de manège volant.

Enfin, la compagnie s'approche du palais. À leur arrivée, pas un garde devant les portes ! À l'intérieur, personne ! Elle se tourne vers ses amis : le poisson volant a disparu, Léon et Claudette aussi. Que sont-ils devenus ?
Sophia entre, décidée à trouver son père pour comprendre tous ces mystères.

Dans l'entrée, des plantes fleuries recouvrent le sol et font un tapis très doux. Autour des fenêtres sont disposées les anémones de mer, celles qui avaient quitté l'océan. Chacune fait un clin d'œil à Sophia.
Un doux chant monte à ses oreilles et l'attire vers la grande galerie.

Sophia entre dans la salle de bal. Là, l'attendent Lily la pieuvre, Marin le poisson-lune et ses petites crevettes. Le poisson volant est là aussi. Les huîtres également sont rassemblées et chantent : Sophia reconnaît l'air de la caverne. Elle voit aussi Léon et Claudette qui entament une danse autour d'elle. Clac ! Clac !

Tous les invités entourent Sophia et lui souhaitent un joyeux anniversaire.

Sophia est la reine de la fête. Léon l'invite à danser. Les deux amis tournent, tournent dans la salle de bal. Quand la danse est finie, Sophia saute dans les bras de son papa qui lui offre son cadeau.

« Bon anniversaire, mon joli trésor… »

Quel est le cadeau du papa de Sophia ?

Pour le savoir, aide-toi de ces 3 indices.

mémo 10

INDICE n° 1

Quel bijou coûte le plus cher ? Entoure-le.

mémo 5

INDICE n° 2

Le crabe demande à Sophia :

– As-tu des bijoux ?

– Oh oui ! J'ai des bagues. Hélas, je n'ai pas de collier !

Que manque-t-il à Sophia ? Colorie la bonne réponse.

des bagues	des pierres	un collier

mémo 13

INDICE n° 3

Trouve le gâteau sur lequel il y a 7 bougies.

 = une poupée  = un ours

 = un collier  = un traîneau

Le cadeau du papa de Sophia est un

....

Sophia ouvre son paquet et trouve… un joli collier de pierres précieuses et de perles enfilées sur un fil d'or. Mais ces perles et ces pierres, ce sont les siennes ! Son papa les avait donc prises pour les rassembler en un vrai bijou de princesse. Quelle belle surprise de ce papa roi ! Il lui murmure à l'oreille : « Voici un vrai trésor pour mon joli trésor ».

Mémo

Pour t'aider à faire tes exercices

Français

Maths

Découverte du monde

Lecture

1 Les sons

Un son est ce qu'on entend.

- Quand tu lis un mot, tu peux reconnaître une lettre que tu as déjà vue dans un autre mot. Pourtant, elle ne se prononce peut-être pas de la même manière.

- Devant **a**, **o** et **u**, la lettre **g** se prononce comme dans **gâteau**.

Exemples :

un **g**arçon

un **g**orille

une fi**g**ure

- Devant **e**, **i** et **é**, la lettre **g** se prononce comme dans **girafe**.

Exemples :

une lu**ge**

la ma**gi**e

un **gé**ant

- Pour obtenir le son [g] de **g**âteau devant **e**, **i** et **é**, n'oublie pas d'écrire la lettre **u**.

Exemples :

une **gu**itare

une va**gu**e

un **gu**épard

Grammaire

2 La phrase

Une phrase est composée de mots et de signes de ponctuation.

- Elle commence par une lettre majuscule et se termine par un point.

> Exemple :
>
> Le poisson vit dans la mer.
>
> la majuscule 6 mots le point

- Voici quelques signes de **ponctuation** :

– Le **point** : Le poisson vit dans la mer.

– Le **point d'interrogation** : Le poisson vit-il dans la mer ?

Cette dernière phrase pose **une question**.

– La **virgule** : La nuit, le requin chasse ses proies.

- Une phrase est une suite de mots **qui a un sens**.

– Les mots doivent être bien séparés. Sinon, on ne peut pas les lire facilement.

> Exemple : Lepoissonvitdanslamer.

– Si les mots sont écrits dans le désordre, ce n'est pas une phrase. Le groupe de mots suivant ne veut rien dire.

> Exemple : vit poisson le dans mer la

Orthographe

3 Le masculin et le féminin

• Devant certains mots, on utilise les petits mots **un**, **le**, **l'**, **mon**, **ton**.

Ce sont des mots **masculins**.

Exemples : **un** garçon intimidé, **le** garçon intimidé

• Devant d'autres mots, on utilise les petits mots **une**, **la**, **l'**, **ma**, **ta**.

Ce sont des mots **féminins**.

Exemples : **une** fille intimidée, **la** fille intimidée

• Au féminin, les mots prennent très souvent un **-e**.

4 Le singulier et le pluriel

• Quand **on parle d'une seule** chose, **d'un seul** animal ou **d'une seule** personne, ce **nom** est au **singulier**.

Exemples : **une** barque, **un** crabe, **le** pêcheur

• Quand **on parle de plusieurs** choses, **de plusieurs** animaux ou **de plusieurs** personnes, ce nom est au **pluriel**.

Exemples : **des** barque**s**, **des** crabe**s**, **des** pêcheur**s**

• Au pluriel, les **noms** prennent **le plus souvent** un **-s**.

Lecture

5 Le dialogue dans un texte

Quand plusieurs personnes parlent ensemble, c'est un dialogue.

- Dans une **bande dessinée**, on utilise des **bulles** pour faire parler les personnages.

Exemple :

Dans le dessin ci-dessous, le garçon et la fille se parlent.

- Dans un **texte**, on place **un tiret** au début de chaque phrase pour savoir qui parle.

Exemple :

Le petit garçon montre du doigt la mer. Il demande à son amie :
– Tu as vu le bateau là-bas ?
La fille regarde au loin. Elle dit alors :
– Oui, je l'ai vu, c'est un voilier !

6 La moitié et le double

• **Chercher la moitié, c'est partager en 2 parties égales.**

Exemples :

Tu veux **la moitié** du gâteau : partage-le en **2**
➜ tu obtiens la moitié du gâteau.

Tu veux **la moitié** de 6 perles : partage 6 en **2**
➜ tu obtiens 3 perles.

• **Chercher le double, c'est additionner le même nombre.** On dit que c'est 2 fois plus.

Exemples :

Tu veux **le double** de 3 : additionne 3 et **3**
➜ tu obtiens 6.

Tu veux **le double** de 7 : additionne 7 et **7**
➜ tu obtiens 14.

Opérations

7 L'addition à retenue

Pour effectuer une addition difficile, écris les nombres l'un au-dessus de l'autre.

- Aligne les **unités (u)** sous les unités et les **dizaines (d)** sous les dizaines.

Exemple :

d	u
4	9
2	3

- Additionne déjà les **unités** entre elles (colonne de droite).

Exemple :

9 + 3 = **12** Tu retiens **une** dizaine.

- Puis additionne les dizaines entre elles (colonne de gauche), avec la **retenue.**

Exemple :

1 + 4 + 2 = 7

Tu obtiens :

	1	
	4	9
+	2	3
=	7	2

Opérations

8 La soustraction

La soustraction est une opération, un calcul avec moins (–).

• Elle est utile dans les problèmes pour trouver ce qu'il **reste** ou ce qu'il **manque** quand il y a des objets en moins.

Exemple :

Valentin a **58** billes. Il en perd **14**.

Combien lui en **reste**-t-il ?

Il en a 14 **de moins**.

Tu trouves la réponse en faisant la soustraction : **58 – 14**.

La réponse est **44**.

Il lui **reste** 44 billes.

Géométrie

9 Le repérage sur un quadrillage

Pour repérer une case dans un tableau ou un quadrillage, regarde bien le nom de la ligne et le nom de la colonne.

- Tu obtiens **le code** de la case.

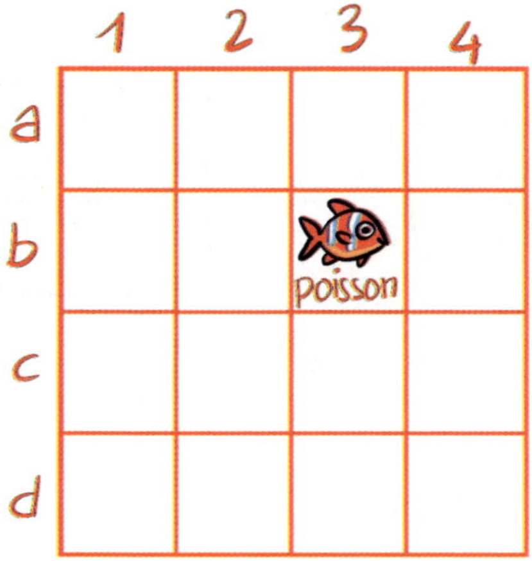

Le poisson est sur la **ligne b** et dans la **colonne 3**.
Le code de la case du poisson est **(b ; 3)**.

Mesure

10 La monnaie

- Voici des **pièces** et des **billets** :

En France, la monnaie est l'euro.

- Tu peux **payer** un achat de plusieurs façons.

- Pour **comparer les prix**, pense à l'ordre des nombres.

Exemple :

30, 18 et 45

18 est **avant** 30 ➜ 18 est **plus petit** que 30.

30 est **avant** 45 ➜ 30 est **plus petit** que 45.

- Pour **comparer les prix**, tu peux aussi comparer les paquets de 10 (les dizaines).

Exemple :

Dans **45**, il y a **4** paquets de 10.

Dans **30**, il y a **3** paquets de 10.

45 est **plus grand** que 30.

30 est **plus petit** que 45.

Milieu géographique

11 La mer

- Sur la planète, on compte des **centaines de mers** et **cinq océans**. Ce sont des étendues d'**eau salée**. Chaque océan contient un grand nombre de mers.

- En France, tu peux aller en vacances au **bord de la mer**. L'été, il fait chaud, tu peux **te baigner** dans la mer. C'est aussi l'occasion de faire des **châteaux de sable**, ou de découvrir les **animaux** qui vivent sur la plage ou dans l'eau. Les crabes se cachent dans les rochers, les coquillages s'enfoncent dans le sable.

- Le **vent** qui souffle sur la mer fait **naître des vagues**. En fait, la mer n'est agitée qu'en surface. Sous l'eau, vers le fond, les poissons nagent dans le calme.

- Certains hommes **travaillent** en mer : ce sont les **pêcheurs**. Ils partent sur un bateau appelé un **chalutier**. Ils capturent des poissons avec de grands filets. Puis ils rentrent au port pour vendre leur pêche. La nuit, dans l'obscurité, ils peuvent s'orienter grâce à une lumière qui clignote : celle du **phare**.

Monde du vivant

12 Le monde animal marin

• La **pieuvre** est un **mollusque**. Elle a un corps mou avec une tête. Grâce à ses huit tentacules garnis de ventouses, elle se déplace et capture ses proies.

• L'**huître** est un **coquillage** à deux coques. Certaines espèces fabriquent des perles de nacre. Ces perles sont utilisées pour fabriquer des bijoux.

• Les **poissons** sont des **vertébrés**. Ils ont un cartilage ou des arêtes. Ils pondent des œufs. Ils ont des écailles et parfois de belles couleurs et de drôles de formes.

• Les **crustacés** ont une carapace et deux paires d'antennes pour détecter les proies : le crabe, le homard, la crevette.

• Les **anémones de mer** sont des animaux voisins des méduses. Elles sont dangereuses car elles piquent.

• L'**étoile de mer** est un petit animal marin en forme d'étoile à 5 branches. Elle avale les petits mollusques.

Le temps qui passe

13 L'anniversaire

- **Une année compte 12 mois :**
janvier, février, mars, avril, mai, juin, juillet, août, septembre, octobre, novembre, décembre.

- Tous les ans, tu fêtes ton **anniversaire**. Il correspond à la **date de ta naissance**.

- Chaque année, à cette date, tu as donc un an de plus.

> Exemple :
> Un enfant est né le **3 juillet 2004**.
> Sa date anniversaire est toujours le 3 juillet.
> Le **3 juillet 2005**, il a eu **1** an.
> Le **3 juillet 2006**, il a eu **2** ans...
> Le **3 juillet 2011**, il a eu **7** ans.

- Pour fêter ton anniversaire, tu souffles des **bougies** sur un gâteau.

Tu as autant de bougies que d'années.

> Exemple :
> Tu as **7** ans : tu souffles **7** bougies.

Monde du vivant

14 Le corps humain

Respecte ces règles d'hygiène :

– Garde ton corps **propre**
pour **éviter les maladies**.

– Attention au sucre !
Brosse tes dents chaque jour.

– Fais-toi **soigner**
quand tu es malade.

– Mange **équilibré**
avec des aliments variés.

– **Bois** régulièrement de **l'eau**.

– Pratique une activité **sportive**.

– **Dors tôt** et dans le calme
pour reprendre des forces.

– Après des efforts, le corps
a besoin d'un temps de **repos**.

Page-indices

Sophia, princesse de la mer

du CP au CE1

Note ci-dessous les indices que tu as trouvés au cours de ta lecture.

Va vite te connecter sur le site

www.lenigme.com

pour nous envoyer tes indices, et tu pourras télécharger plein de cadeaux !

INDICE 1 ....

INDICE 2 ....

INDICE 3 ....

INDICE 4 ....

INDICE 5 ....

Bravo ! *Tu as trouvé tous les indices !*

N° d'éditeur : 10212719 – IRILYS – Février 2015
Imprimé en Italie par BONA

L'ÉNIGME des vacances

Choisis ton univers !

Historique | FANTASTIQUE | Policier | Aventure | FRISSON | Princesse | Sciences

du CP au CE1

- Le voleur invisible
- Sophia, princesse de la mer
- Le mystère de la source

du CE1 au CE2

- La peur au bout de la laisse
- Mystère au cirque Alzared
- Attention ! Dauphins en danger
- Pas si désert que ça !
- Menace sur Madagascar
- Pirates en péril !
- L'attaque des monstres animaux (SCOOBY-DOO!)

du CE2 au CM1

- Le labyrinthe des dragons
- Les fantômes de Glamorgan
- La plage du Prince Blanc
- Le phare de la peur
- Montagne explosive !
- Menaces sur la finale de foot
- La menace des fantômes (SCOOBY-DOO!)

du CM1 au CM2

- Le voleur de papyrus (iPhone iPad)
- Le secret de la jungle
- Le sortilège des loups-garous
- Parfum de vacances
- La carrière interdite
- Feu mystérieux en Australie
- Planète dinosaures
- Musiques diaboliques (SCOOBY-DOO!)
- Drôles d'époques ! (JEUX)

du CE2 au CM2

Les Mystérieuses Cités d'Or

- T.1 Le secret du tambour sacré
- T.2 À la poursuite du Dragon Jaune
- T.3 Le ventre de Bouddha
- T.4 La révélation

du CM2 à la 6e

- Le trésor des Templiers
- Panique à la Pop Academy
- La forêt de l'épouvante
- À la recherche de la cité perdue (iPhone iPad)
- Eaux troubles à Venise
- Drôles de familles ! (JEUX)

de la 6e à la 5e

- Le secret du Titanic (iPhone iPad)
- Drôle de trafic
- Complot chez les cordons-bleus

de la 5e à la 4e

- Operation Blue Lagoon (en anglais)
- Chute mortelle au Mont-Saint-Michel (iPhone iPad)
- The Captain is Missing! (en anglais)
- Le souffle de l'ange

de la 4e à la 3e

- Murder in West Park (en anglais)
- The Mark of the Vampire (en anglais) (iPhone iPad)

2 livres en 1

CE1-CE2
La peur au bout de la laisse
+ Pas si désert que ça !

CE2-CM1
Montagne explosive !
+ Le labyrinthe des dragons

CM1-CM2
La carrière interdite
+ Feu mystérieux en Australie

CM2-6e
Eaux troubles à Venise
+ La forêt de l'épouvante

(casque) Histoire à podcaster sur le site www.lenigme.com

(iPhone iPad) Existe en applications pour iPhone et iPad. Disponible sur App Store.